Rosalie \

CW00410242

Vegane Plätzchen

Plätzchen und Kekse backen für Weihnachten

Plätzchen Backbuch Band 2

©2018, Rosalie Winter

Alle Rechte vorbehalten

Plätzchen Backbuch Band 2

Vegane Plätzchen

Plätzchen und Kekse backen für
Weihnachten

Inhaltsverzeichnis

Vorwort...6

Gefüllte Schoko-Monde 8

Schokoladige Bärentatzen...........................9

Würziger Spekulatius..................................10

Weihnachtliche Schoko-Pudding Plätzchen 11

Klassische Heidesandplätzchen 12

Marmor-Mandel-Kipferl 13

Schoko-Candy-Cane Sandwich-Cookies 14

Schoko-Espresso Cookies 16

Kokos-Minz-Plätzchen..................................17

Aromatisch-klassische Spitzbuben 18

Doppeldecker- Himbeermarmeladen-Cookies...........19

Knusprige Schoko-Nussecken 20

Softe Vanille-Schoko-Cookies 21

Luftige Apfel-Zimt-Wölkchen 22

Zarte Schneeflöckchen................................23

Crunchige Sesam-Honig-Herzen......................24

Leckere Mandelecken 25

Weiche Schoko-Kokos-Makronen 27

Fruchtiger Schoko-Lebkuchen 28

Weihnachtliche Cranberry-Scones...........................30

Knusprige Choco-Crossies...........................31

Gesunde No-bake Toffiffee 32

Mini-Stollenkonfekt mit Rosinen und Marzipan ..33

Leckere Schmalzküchlein aus dem Ofen 34

Saftige Schoko-Kokos-Würfel...........................35

Fluffige Dinkel-Waffeln 36

Leckeres Magenbrot wie vom Weihnachtsmarkt......37

Luftig-weiche Lebkuchenmuffins mit Baiserhaube 39

Bratapfel Crumble mit Mandeln und Rosinen........40

Festlich-cremige Bratapfeltorte...........................41

Vorwort

Immer mehr Menschen ernähren sich vegan und verzichten bewusst auf tierische Produkte. Mittlerweile gibt es sogar in jedem Supermarkt pflanzliche Produkte, die sich mit geeigneten Rezepten wunderbar in leckere Gerichte verwandeln lassen – und das vegane Gericht schmeckt sogar genauso gut wie sein mit tierischen Produkten zubereitetes Pendant.

Insbesondere in der Weihnachtszeit dürfen gewisse Leckereien einfach nicht fehlen – und tatsächlich müssen sie das auch nicht, denn alle Klassiker und neuere Kreationen lassen sich auch ohne Ei, Milch und Butter problemlos und ganz einfach zubereiten. Für die meisten tierischen Produkte gibt es pflanzliche Alternativen, die sich optimal zum Backen eignen. Ob es einfache Plätzchen für die Keksdose sind oder aber auch aufwendigere Kuchen oder Torten, mit diesen Rezepten können Sie gesund und bewusst zur Weihnachtszeit schlemmen.

Um vegan zu backen, werden die herkömmlichen tierischen Teig-Zutaten durch pflanzliche Alternativen ersetzt. Damit das vegane Backen auch gelingt, sollten Sie sich folgende Tipps und Tricks zu Herzen nehmen:

1. Rühren Sie den Teig nicht zu lange

Bei veganen Teigen sollten Sie darauf achten, nicht zu lange zu Rühren. Rühren Sie zu lange, wird der Teig zäh und geht nicht mehr schön auf. Vermischen Sie deshalb immer die trockenen Zutaten getrennt von den Flüssigen und vermengen Sie beide Massen kurz bevor der Teig in den Ofen kommt.

2. Lassen Sie den Kuchen ausreichend lange ruhen

Wenn Ihr Kuchen beim Schneiden bricht oder krümelt, haben Sie ihn wahrscheinlich zu früh aus seiner Form geholt. Lassen Sie den Kuchen nach dem Backen deshalb immer in der Form auf einem Kuchengitter für mindestens 45 Minuten (falls nicht anders im Rezept gesagt) auskühlen. Lösen Sie ihn erst danach vorsichtig aus der Form und stürzen Sie ihn auf das Kuchengitter, wo er vollständig abkühlen kann.

3. Nehmen Sie Weinsteinbackpulver

Vegane Teig-Rezepte brauchen oftmals mehr Backpulver als herkömmliche Teige. Wenn Sie den Geschmack von normalem Backpulver als unangenehm empfinden, verwenden Sie Weinsteinbackpulver. Dieses ist oft am

Bio-Zeichen zu erkennen und ist vollkommen frei von Phosphat.

Ob Sie nun ein veganer Neuling sind, es nur ausprobieren wollen oder aber bereits ein absoluter Profi im Umgang mit veganen Alternativen sind – mit diesen Backrezepten kreieren Sie kinderleicht veganes Naschwerk, das mindestens genauso lecker ist wie seine herkömmlichen Entsprechungen.

Zutaten für etwa 40 Stück

200 g Weizenmehl	Vanille
100 g Dinkelmehl	1 Prise Salz
100 g Zucker	etwas Sojadrink
170 g pflanzliche	150 g Haselnuss-Nougat-
Margarine	Aufstrich
(Zimmertemperatur)	100 g vegane
etwas gemahlene	Zartbitterkuvertüre

Zubereitung

Schlagen Sie die Margarine in einer Schüssel kurz auf. Geben Sie das Mehl, den Zucker, die Vanille und das Salz hinzu und verrühren Sie alles noch einmal. Sollte der Teig zu trocken sein, geben Sie etwas Sojadrink dazu.

Formen Sie den Teig mit den Händen zu einer Kugel und wickeln Sie ihn in Frischhaltefolie. Lassen Sie den Teig für etwa 1 Stunde im Kühlschrank ruhen.

Rollen Sie den Teig auf einer leicht bemehlten Arbeitsfläche etwa 3 mm dünn aus und stechen Sie kleine Monde aus. Heizen Sie den Ofen auf 180 Grad Ober- und Unterhitze vor.

Backen Sie die Monde auf mittlerer Schiene goldbraun und lassen Sie die Kekse anschließend gut abkühlen.

Streichen Sie etwas Schokoladenaufstrich auf einen Mond und verschließen Sie ich mit dem zweiten Mond.

Schmelzen Sie die Kuvertüre über einem Wasserbad. Tauchen Sie die gefüllten Monde zur Hälfte darin ein und lassen Sie sie auf einem Kuchengitter abtropfen.

Zutaten für etwa 2 Bleche

50 g Mehl

180 g Stärke

80 g Puderzucker

30 g Kakao

1 TL Vanillezucker

200 g Margarine

2 EL Mandelmilch

Für die Dekoration

100 g vegane Schokolade

Zubereitung

Vermischen Sie alle trockenen Zutaten miteinander und geben Sie danach die Margarine und die Milch dazu. Verkneten Sie alles zu einem glatten Teig. Sollte der Teig zu klebrig sein, geben Sie etwas mehr Stärke hinein.

Wickeln Sie den Teig in Frischhaltefolie und stellen Sie ihn für 1 Stunde in den Kühlschrank.

Holen Sie den Teig aus dem Kühlschrank und rollen Sie ihn zu einem Teigstrang. Schneiden Sie davon etwa 2 cm große Stücke ab. Drücken Sie die Stücke leicht an und prägen Sie mit einer Gabel bei ¾ der Oberfläche das typische Bärentatzen-Muster ein. Heizen Sie den Ofen auf 180 Grad Ober- und Unterhitze vor.

Backen Sie die Kekse etwa 12 Minuten. Lassen Sie die Plätzchen anschließend gut auskühlen.

Schmelzen Sie die Schokolade über einem Wasserbad und tunken Sie die nicht eingedrückte Seite der Plätzchen in die Schokolade. Lassen Sie die Plätzchen auf einem Backpapier aushärten.

Zutaten für etwa 12 Stück

250 g Weizenmehl	¼ TL gemahlenes
100 g Traubenzucker	Vanillearoma
125 g Pflanzenmargarine	1 TL Backpulver
60 ml Reismilch	1 Prise Salz
1 ½ TL	4 Tropfen
Spekulatiusgewürz	Bittermandelaroma
¼ TL geriebene	optional 1 ½ TL
Zitronenschale	Amaretto

Zubereitung

Verkneten Sie alle Zutaten zu einem Teig und lassen Sie ihn für mindestens 1 Stunde im Kühlschrank auskühlen.

Heizen Sie den Backofen auf 175 Grad Ober- und Unterhitze vor. Schneiden Sie dünne Scheiben vom Teig und drücken Sie diese in eine Spekulatius-Backform.

Backen Sie den Spekulatius für etwa 10 Minuten goldig braun, heben Sie ihn danach aus der Form uns lassen Sie ihn gut abkühlen. Bewahren Sie die Kekse bis zum Verzehr in einer gut schließenden Keksdose auf.

Zutaten für etwa 36 Plätzchen

100 g gesiebter
Puderzucker
250 g vegane Butter
(Zimmertemperatur)
250 g gesiebtes
Dinkelmehl (Typ 630)

30 g Xucker oder
Süßungsmittel nach
Wahl
1 Pck. Vanillezicker
2 Packungen veganes
Schoko-Puddingpulver

Zubereitung

Verrühren Sie mit einem Handrührgerät den gesiebten Puderzucker mit dem Vanillezucker und der Butter, bis die Masse Fäden zieht.

In einer separaten Schüssel vermischen Sie das Mehl mit dem Puddingpulver und dem Xucker. Geben Sie das Gemisch nach und nach zur Zucker-Butter-Masse hinzu, bis ein fluffiger, fester Teig entsteht, der sich formen lässt.

Heizen Sie den Backofen auf 190 Grad Ober- und Unterhitze vor und legen Sie zwei Backblecke mit Backpapier aus.

Stechen Sie mit einem Teelöffel je einmal in den Teig und formen Sie mit den Händen daraus kleine Bällchen, welche Sie dann aufs Backblech legen. Backen Sie die Plätzchen für etwa 10-15 Minuten und lassen Sie sie danach gut auskühlen.

Bestreuen Sie die Plätzchen zuletzt mit etwas Puderzucker.

Zutaten für etwa 25 Plätzchen

375 g Mehl (Zimmertemperatur)

100 g Puderzucker 1 EL Kakaopulver

250 g Pflanzenmargarine

Zubereitung

Kneten Sie alle Zutaten, außer dem Kakaopulver, zu einem weichen Teig. Trennen Sie 2/3 des Teiges ab und wickeln Sie diesen in Frischhaltefolie. Verkneten Sie das übrige Drittel mit dem Kakao und wickeln Sie dieses ebenfalls in Frischhaltefolie. Legen Sie beide Teige für etwa 1 Stunde zum Auskühlen in den Kühlschrank.

Rollen Sie beide Teigteile gleich groß auf einer gut bemehlten Arbeitsfläche aus. Legen Sie den Schokoteig auf den hellen und rollen Sie beide Teige zu einer Rolle auf. Rollen Sie die Rolle auf der Arbeitsplatte hin und her um Lücken im Teig zu schließen.

Legen Sie die fertige Rolle für mindestens 4 Stunden in den Kühlschrank. Ist die Rolle gut ausgekühlt und hart, schneiden Sie diese in etwa 0,5 cm dicke Scheiben. Heizen Sie den Ofen auf 180 Grad Ober- und Unterhitze vor.

Legen Sie die Plätzchen auf ein mit Backpapier ausgelegtes Backblech und backen Sie diese auf mittlerer Schiene für etwa 15-20 Minuten goldbraun.

Zutaten für etwa 40 Stück

200 g Weizenmehl	4 EL Mandelmilch
100 g gemahlene	140 g vegane Butter
Mandeln	1 EL Kakao
90 g Zucker	100 g vegane
½ Tonkabohne	Zartbitterkuvertüre

Zubereitung

Vermischen Sie das Mehl, die Mandeln und den Zucker. Reiben Sie die Tonkabohne dazu und geben Sie 3 EL Mandelmilch und die in Stücke geschnittene Butter dazu. Verkneten Sie mit den Händen die Zutaten zu einem glatten Teig.

Trennen Sie die Hälfte von dem Teig ab und wickeln Sie ihn in Frischhaltefolie. Die andere Hälfte verkneten Sie mit dem Kakao und 1 EL Mandelmilch, bis der Teig hellbraun ist. Wickeln Sie auch diesen Teig in Frischhaltefolie und geben Sie beide Teighälften für etwa 1 Stunde zum Auskühlen in den Kühlschrank.

Heizen Sie den Backofen auf 180 Grad vor und legen Sie zwei Backbleche mit Backpapier aus.

Halbieren Sie die Teighälften und formen Sie jeweils 2 Rollen von jeder Farbe. Schlingen Sie je eine dunkle und eine helle umeinander und drücken Sie sie fest. Schneiden Sie diese Rolle dann in gleich große Stücke und rollen Sie diese mit den Händen zu Kipferln aus.

Legen Sie die fertigen Kipferl auf die Backblecke und backen Sie diese nacheinander auf mittlerer Schiene für etwa 12-15 Minuten, bis sie leicht braun sind. Nehmen Sie die Kipferl heraus und lassen Sie sie auf einem Abkühlgitter auskühlen.

Schmelzen Sie die Kuvertüre in einem Wasserbad. Tunken Sie die Enden der abgekühlten Kipferl hinein und legen Sie diese dann auf ein Blatt Backpapier. Lassen Sie die Schokolade aushärten und bewahren Sie die Kipferl in einer gut verschließbaren Keksdose auf.

Zutaten für etwa 24 Stück

300 g Mehl

60 g ungesüßtes Kakaopulver

1 TL Backpulver

225 g weiche vegane Butter

150 g Zucker

60 ml Pflanzenmilch

2 TL Vanilleextrakt

Für die Glasur

240 g Puderzucker

1 TL weiche vegane Butter

3 TL warmes Wasser

5 Tropfen Pfefferminzaroma

2 Zuckerstangen

Zubereitung

Schlagen Sie die Butter in einer separaten Schüssel mit einem Handrührgerät schaumig und rühren Sie sie glatt. Geben Sie den Zucker dazu und schlagen Sie die Butter erneut für etwa 1 Minute schaumig. Geben Sie nun den Vanilleextrakt dazu und gießen Sie nach und nach die Pflanzenmilch dazu. Rühren Sie weiter, bis alle Zutaten miteinander vermengt sind.

Heben Sie die nassen unter die trockenen Zutaten und verkneten Sie diese mit den Händen zu einer glatten Kugel.

Teilen Sie den Teig in 2 gleichgroße Portionen und legen Sie jeweils 1 Stück Frischhaltefolie darüber. Rollen Sie jede Teighälfte mit den Händen so, dass jeweils eine etwa 5 cm hohe Rolle entsteht. Versuchen Sie die Enden so gut es geht zu glätten, sodass eine Zylinderform entsteht. Rollen Sie beide Rollen jeweils in Frischhaltefolie, sichern Sie die Enden und stellen Sie die Rollen für etwa 1-2 Stunden in den Kühlschrank

Nehmen Sie die Rollen aus dem Kühlschrank und scheiden Sie diese in 0,5 cm dicke Scheiben. Legen Sie die Teigscheiben auf ein mit Backpapier ausgelegtes Backbleck und backen Sie diese im auf 180 Grad vorgeheizten Backofen etwa 6-8 Minuten. Lassen Sie die Kekse vollständig abkühlen.

Für die Glasur geben Sie die Butter in eine große Schüssel und sieben die Hälfte des Puderzuckers hinein. Verrühren Sie mit einem Handrührgerät die Butter mit dem Puderzucker und fügen Sie nach und nach das warme Wasser hinzu. Sieben Sie währenddessen den restlichen Puderzucker hinein und rühren Sie so lange, bis eine glatte und streichfähige Masse entsteht. Rühren Sie anschließend das Pfefferminzaroma ein.

Zerstoßen Sie die Zuckerstange indem Sie diese in eine Plastiktüte geben und die Zuckerstangen darin mit einem Nudelholz zerkleinern.

Geben Sie nun 1 TL Zuckerguss auf eine Hälfte eines Keks und streichen Sie den Zuckerguss glatt. Legen Sie einen weiteren Keks darauf und drücken Sie sie ein wenig zusammen, sodass der Zuckerguss an den Seiten hervorkommt. Bestreuen Sie nun die Seiten mit den zerstoßenen Zuckerstangen. Sollte die Zuckermasse versteifen, geben Sie einfach etwa Wasser hinein und rühren Sie die Masse erneut durch. Lassen Sie die fertigen Kekse vor dem Verzehr oder der Verwahrung in einer Keksdose trocknen.

Zutaten für etwa 40 Stück

100 g Espresso Bohnen	1 TL Salz
340 g vegane	1 TL Zimt
Schokoladenchips	225 g vegane Butter
2 TL gemahlene	(Zimmertemperatur)
Leinsamen	170 g Zucker
60 ml Wasser	170 g brauner Zucker
270 g Mehl	1 TL Vanilleextrakt
1 TL Backpulver	130 g gehackte Walnüsse

Zubereitung

Legen Sie ein Backbleck mit Backpapier aus. Schmelzen Sie etwa eine Tasse der Schokoladenstückchen in Ihrer Mikrowelle. Achten Sie darauf, alle 30 Sekunden nachzuprüfen ob die Schokolade vollständig geschmolzen ist.

Verrühren Sie die geschmolzene Schokolade mit den Espressobohnen und geben Sie die Mischung auf ein Backpapier. Lassen Sie die Masse abkühlen, bis die Schokolade fest ist.

Vermischen Sie das Wasser mit den Leinsamen und lassen Sie die Mischung für mindestens 10 Minuten ruhen.

Heizen Sie den Ofen auf 190 Grad vor. Vermischen Sie in einer separaten Schüssel die Butter, den Zucker und den Vanilleextrakt zu einer cremigen Masse. Geben Sie die Leinsamenmischung dazu und verrühren Sie alles miteinander. Geben Sie nun alle restlichen trockenen

Zutaten dazu und vermischen Sie erneut alles zu einer Masse.

Nehmen Sie die Schoko-Espressobohnen-Tafel aus dem Kühlschrank und brechen oder schneiden Sie die Schokolade in kleine Stücke. Geben Sie die Espresso-Schokolade mit den restlichen Schokoladenstückchen und den Walnüssen zum Keksteig und rühren Sie so lange um, bis die Zutaten miteinander vermischt sind.

Setzen Sie mit Hilfe eines Esslöffels kleine Häufchen des Keksteiges auf ein mit Backpapier ausgelegtes Backblech. Backen Sie die Cookies für etwa 9-11 Minuten und lassen Sie diese zunächst abkühlen, bevor Sie sie vom Backblech nehmen.

Zutaten für etwa 16 Stück

60 g Weizenmehl
60 g braunes Reismehl
60 g Kakaopulver
¼ TL Salz
¼ TL Backpulver
120 ml Kokosöl
60 g Apfelmus
70 ml Mandelmilch
1 TL Vanilleextrakt

½ TL Pfefferminzaroma
90 g vegane dunkle
Schokoladenchips
etwas Kokosraspel

optional
grob zerstoßene
Zuckerstangen

Zubereitung

Heizen Sie den Backofen auf 175 Grad vor. Verrühren Sie in einer großen Schüssel das Mehl, das Kakaopulver, das Salz und das Backpulver miteinander. In einer anderen Schüssel verrühren Sie das Kokosöl, das Apfelmus, die Mandelmilch, den Vanilleextrakt und das Pfefferminzaroma zu einer homogenen Masse.

Heben Sie vorsichtig die Kokosöl-Apfelmus-Mischung unter die Mehlmischung. Formen Sie mit Ihren Händen eine große Kugel aus dem Teig.

Geben Sie den Teig auf eine leicht bemehlte Arbeitsplatte und rollen Sie ihn etwa 0,5 cm dick aus. Verwenden Sie einen runden Ausstecher und stechen Sie die Plätzchen aus dem Teig. Legen Sie die Kekse auf ein mit Backpapier belegtes Backblech und backen Sie die Cookies für etwa 16 Minuten, bis sie fest und gar sind.

Nach dem Backen legen Sie die Kekse auf ein Abkühlgitter und lassen Sie sie abkühlen. Währenddessen schmelzen Sie die Schokoladenchips in der Mikrowelle und geben einige Tropfen Pfefferminzaroma dazu. Sie können nun die Kekse mit der Schokolade bestreichen oder gänzlich darin eintunken. Bestreuen Sie die Kekse mit Kokosraspeln und optional mit den zerstoßenen Zuckerstangen und lassen Sie sie im Kühlschrank etwa 1 Stunde abkühlen, sodass die Schokolade aushärten kann.

Zutaten für etwa 1 Blech

400 g Weizenmehl	200 g vegane Margarine
100 g Zucker	4 EL Mandelmilch
1 Pck. Vanillezucker	200 g Erdbeerkonfitüre
1 Zitronenabrieb	(oder Konfitüre nach
50 g gemahlene	Wahl)
Mandeln	Puderzucker

Zubereitung

Vermischen Sie das Mehl, den Zucker, den Vanillezucker, die geriebene Zitronenschale und die Mandeln miteinander. Kneten Sie anschließend die Margarine und die Mandelmilch unter. Wickeln Sie den Teig in Frischhaltefolie und stellen Sie ihn für 1 Stunde kalt.

Heizen Sie den Backofen auf 180 Grad vor und legen Sie ein Backblech mit Backpapier aus.

Bestäuben Sie Ihre Arbeitsplatte mit etwas Mehl und rollen Sie den Teig darauf 3 mm dick aus. Stechen Sie runde Plätzchen aus.

Stechen Sie aus der Hälfte der Plätzchen mit einer kleineren Ausstechform kleinere Kreise aus, sodass Ringe entstehen.

Legen Sie die Plätzchen auf das Backblech und backen Sie diese für etwa 10 Minuten. Lassen Sie die Plätzchen auskühlen.

Verrühren Sie die Marmelade mit einem Löffel. Streichen Sie jeweils 1 TL auf die Plätzchen-Unterseite ohne Loch. Setzen Sie nun den Deckel mit Lock auf und drücken Sie die Plätzchenhälften leicht zusammen. Bestäuben Sie die Plätzchen zuletzt mit Puderzucker.

Zutaten für etwa 8 Stück

Für die Cookies
60 g Kokosflocken
200 g Cashewkerne
160 g Mandelmehl
6 EL Zuckerrübensirup

Für die Marmelade
390 g gefrorene
Himbeeren

6 EL Honig
6 EL Chia-Samen
6 EL Limettensaft

Für die Glasur
180 ml Kokosöl
80 g Kakao
6 EL Zuckerrübensirup

Zubereitung

Für die Cookies zerkleinern Sie Kokosflocken und das Mandelmehl in einem Mixer. Geben Sie die restlichen Zutaten dazu und vermischen Sie diese miteinander. Drücken Sie den Teig auf den Boden einer Muffinform und geben Sie die Form für 20 Minuten ins Gefrierfach.

Für die Marmelade kochen Sie alle Zutaten miteinander auf und kochen Sie alles für etwa 5 Minuten ein. Lassen Sie die Marmelade auskühlen.

Für die Glasur verrühren Sie alle Zutaten miteinander. Tunken Sie die Hälfte der Cookies in die Glasur und geben Sie die Cookies erneut für 20 Minuten ins Gefrierfach.

Streichen Sie die Marmelade auf die Cookies und bedecken Sie sie mit den restlichen Keksen.

Knusprige Schoko-Nussecken

Zutaten für etwa 30 Stück

Für den Teig
450 g Mehl
200 g Zucker
200 g vegane Margarine
2 Pck. Vanillezucker
5 EL Wasser
2 EL Sojamehl
2 TL Backpulver

Für die Nussmasse
200 g gehobelte
Haselnüsse

100 g gemahlene
Mandeln
150 g Zucker
150 g vegane Margarine
2 Pck. Vanillezucker
3 EL Wasser
5 EL Aprikosenkonfitüre

Für die Glasur
200 g vegane
Zartbitterschokolade

Zubereitung

Für den Teig vermischen Sie das Mehl, das Sojamehl, das Backpulver, das Salz, den Zucker und den Vanillezucker in einer großen Rührschüssel miteinander. Arbeiten Sie die kalte Margarine in kleinen Stückchen mit dem Knethaken des Handrührgeräts in die Mehlmischung ein, bis die Masse krümelig ist.

Geben Sie das kalte Wasser dazu und kneten Sie so lange, bis ein geschmeidiger Teig entsteht. Formen Sie den Teig mit den Händen zu einer Kugel und rollen Sie diese auf einem mit Backpapier ausgelegtem Backblech aus.

Verstreichen Sie die Aprikosenmarmelade gleichmäßig auf dem Teig. Heizen Sie den Backofen auf 160 Grad vor.

Für die Nussmasse schmelzen Sie die Margarine mit dem Vanillezucker, dem Zucker und dem Wasser bei geringer Hitze in einem Topf auf dem Herd. Rühren Sie die Nüsse unter die Masse und verteilen Sie sie auf dem Teig. Backen Sie die Nussecken etwa 25 Minuten lang.

Schneiden Sie das Gebäck in Dreiecke. Schmelzen Sie die Schokolade in einem Wasserbad und tunken Sie darin die Spitzen der Nussecken ein. Lassen Sie die fertigen Nussecken auf einem Kuchengitter aushärten.

Softe Vanille-Schoko-Cookies

Zutaten für etwa 9 Stück

140 g Reismehl	125 ml Wasser
35 g Buchweizenmehl	½ TL Vanilleextrakt
½ TL Backpulver	1 Handvoll vegane
70 g Cashewkerne	Schokoladentropfen
3 EL Kokosblütenzucker	

Zubereitung

Sieben Sie das Reismehl, das Buchweizenmehl und das Backpulver in eine Schüssel.

Vermischen Sie Cashewkerne, den Kokosblütenzucker, das Wasser und den Vanilleextrakt in einem Mixer zu einer cremigen Masse.

Geben Sie die gemixte Nuss-Mischung in die Schüssel mit dem Mehl und verrühren Sie alles miteinander, bis eine saftige Teigkugel entsteht. Bedecken Sie die Schüssel und stellen Sie den Teig für etwa 20 Minuten in den Kühlschrank. Heizen Sie den Ofen auf 200 Grad Ober- und Unterhitze vor.

Nehmen Sie den Teig aus dem Kühlschrank und kneten Sie ihn, bis er weich wird und sich leicht formen lässt. Kneten Sie vorsichtig die Schokotropfen hinein.

Nehmen Sie jeweils mit einem Löffel eine kleine Teigportion heraus und formen Sie diese zu Cookies. Verteilen Sie die Cookies auf einem mit Backpapier ausgelegtem Backblech und backen Sie diese etwa 15 Minuten, bis sie golden sind.

Zutaten für etwa 20 Stück

250 g Dinkelmehl	70 ml Wasser
100 g Kokosöl	2 mittelgroße Äpfel
60 g Birkenzucker	1 Pck. Vanillezucker
2 gestrichene EL Ei-Ersatz	2 TL Backpulver
	1 TL Zimt

Zubereitung

Heizen Sie den Ofen auf 160 Grad Ober- und Unterhitze vor.

Schlagen Sie den Ei-Ersatz mit dem Wasser schaumig und geben Sie den Birkenzucker, das Öl, das Mehl sowie die Gewürze und das Backpulver dazu. Verkneten Sie alles gut mit der Hand und geben Sie, falls der Teig zu trocken ist, etwas Mineralwasser dazu.

Schälen, vierteln und entkernen Sie die Äpfel. Schneiden Sie die Viertel in kleine Würfel, geben Sie die Apfelstücke zum Teig dazu und kneten Sie diese ein.

Setzen Sie auf ein mit Backpapier belegtes Backblech kleine Teighäufchen. Lassen Sie zwischen den Wölkchen etwas Abstand, da diese ein wenig in die Breite gehen. Pro Blech können Sie etwa 8-10 Wölkchen backen.

Backen Sie die Apfel-Zimt-Wölkchen für etwa 15-20 Minuten, bis sie hellbraun sind. Wenn Sie mögen, streuen

Sie nach dem Auskühlen etwas Puderzucker über die Teilchen.

Zutaten für etwa 2 Bleche

100 g Mehl

250 g Speisestärke

100 g Puderzucker

Mark von 1

Vanilleschote

250 g weiche vegane
Margarine

Zubereitung

Vermengen Sie alle Zutaten in einer Schüsse und kneten Sie die Masse zu einem glatten Teig. Ist der Teig noch zu klebrig, bedecken Sie ihn mit Frischhaltefolie und lassen Sie ihn etwa eine halbe Stunde im Kühlschrank abkühlen. Heizen Sie den Backofen auf 180 Grad Umluft vor.

Formen Sie aus dem Teig sehr kleine Kügelchen und legen Sie diese mit etwas Abstand voneinander auf ein mit Backpapier ausgelegtes Backblech. Drücken Sie mit einer Gabel vorsichtig Kerben in die Kügelchen. Achten Sie darauf, die Kugeln nicht zu platt zu drücken.

Backen Sie die Schneeflöckchen für etwa 10 Minuten im unteren Drittel des Backofens. Nehmen Sie das Backblech heraus und lassen Sie die Schneeflöckchen darauf abkühlen. Bestäuben Sie sie anschließend mit Puderzucker.

Zutaten für etwa 7 Stück

100 g Sesam   1 TL vegane Butter

2 TL veganer Honig   1 TL Zimt

Zubereitung

Schreddern Sie den Sesam klein und rösten Sie ihn in einer Pfanne ohne Öl kurz an.

Lassen Sie in einem kleinen Topf die Butter und den Honig zergehen. Geben Sie den Sesam und den Zimt hinein und vermengen Sie alles gut miteinander.

Heizen Sie den Ofen auf 180 Grad Ober- und Unterhitze vor.

Geben Sie die Sesam-Masse esslöffelweise auf ein mit Backpapier ausgelegtes Backblech und streichen Sie diese glatt. Formen Sie runde Kreise.

Backen Sie die Kekse etwa 7 Minuten im Ofen.

Holen Sie die Kekse aus dem Ofen und stechen Sie mit einem Keksausstecher herzförmige Formen aus der Masse. Lassen Sie die Plätzchen gut abkühlen.

Zutaten für etwa 95 Stück

Für den Mürbeteig
200 g Pflanzenmargarine
400 g Mehl
100 g Zucker
2 EL Sojamilch
½ Fläschchen
Mandelaroma

Für den Belag
50 g Orangeat
200 g gehackte Mandeln
50 g gehobelte Mandeln

100 g gemahlene
Mandeln
40 g Rohrzucker
20 g Zucker
100 g Pflanzenmargarine
200 ml Sojamilch

Außerdem
80 g Aprikosenkonfitüre
200 g vegane
Zartbitterschokolade

Zubereitung

Geben Sie alle Zutaten für den Mürbeteig in eine Rührschüssel und verkneten Sie alles zu einem homogenen Teig. Wickeln Sie den Teig in Frischhaltefolie und stellen Sie ihn für 30 Minuten in den Kühlschrank.

Rollen Sie den Teig auf einem Backpapier passgenau aus und schneiden Sie abstehenden Mürbeteig weg. Ziehen Sie das Backpapier mit dem Teig auf ein Backblech. Stechen Sie den Teig mehrmals mit einer Gabel ein und bestreichen Sie ihn mit der Aprikosenmarmelade. Heizen Sie den Ofen auf 175 Grad Ober- und Unterhitze vor.

Hacken Sie das Orangeat klein. Geben Sie das Orangeat, die gehackten und gehobelten Mandeln in einer Pfanne und rösten Sie alles auf hoher Stufe goldbraun an. Geben Sie die Margarine und die gemahlenen Mandeln dazu, rühren Sie um und stellen Sie den Herd aus. Geben Sie nun die Soja-Milch dazu und rühren Sie erneut um.

Geben Sie den Teig auf den Mürbeteig und verteilen Sie ihn gleichmäßig. Backen Sie den Teig nun für 20-25 Minuten im Ofen. Lassen Sie ihn anschließend abkühlen.

Schneiden Sie das Ganze in gleichgroße Quadrate und schneiden Sie mit einem sehr scharfem Messer die Quadrate diagonal durch.

Schmelzen Sie die Schokolade über einem Wasserbad und tunken Sie die Dreiecke wie gewünscht in hinein. Setzen Sie die Dreiecke auf ein Backpapier und lassen Sie die Schokolade aushärten.

Zutaten für etwa 15 Stück

100 g Kokosraspeln	3 EL Mehl
75 g Zucker	6 EL Wasser
1 Prise Zimt	1 EL Rapsöl
Einige Tropfen	1 vegane
Zitronenöl	Zartbitterkuvertüre
1 Prise Salz	

Zubereitung

Heizen Sie den Ofen auf 150 Grad Ober- und Unterhitze vor.

Vermengen Sie die Kokosraspeln mit dem Zucker, dem Zimt, dem Salz und geben Sie das Zitronenöl dazu. Verrühren Sie das Mehl mit dem Wasser und dem Öl zu einer zähflüssigen Masse.

Verkneten Sie die Mehlmasse mit der Kokosraspel-Mischung und formen Sie den Teig zu kleinen Kugeln. Legen Sie diese Kugeln auf ein mit Backpapier ausgelegtes Backblech. Backen Sie die Makronen für etwa 15-20 Minuten lang, bis sie anfangen leicht zu bräunen. Lassen Sie die Makronen anschließend auskühlen.

Schmelzen Sie die Kuvertüre in einem Wasserbad und tauchen Sie die Makronen teilweise hinein. Setzen Sie die Makronen danach auf ein Backblech, damit die Schokolade aushärten kann.

Zutaten für etwa 8 Stück

400 g gemahlene
Haselnüsse
10 EL Agavendicksaft
50 g flüssiges Kokosöl
2 EL Apfelmus
100 g getrocknete
Aprikosen
Geriebene Schale von 1-

2 Orangen
2 TL Lebkuchengewürz
1 Prise Salz
8 Oblaten
100 g vegane
Zartbitterkuvertüre
Mandelkerne zum
Dekorieren

Zubereitung

Geben Sie die Aprikosen in eine Schüssel und übergießen Sie sie mit heißem Wasser. Weichen Sie die Aprikosen für etwa 15 Minuten ein, bis sie weich sind.

Währenddessen geben Sie die Haselnüsse, den Agavendicksaft, das Kokosöl, das Apfelmus, die geriebene Schale der Orangen, das Lebkuchengewürz und das Salz in eine separate Schüssel. Verkneten Sie mit den Händen alle Zutaten gut miteinander.

Lassen Sie die Aprikosen in einem Sieb abtropfen und tupfen Sie sie trocken. Schneiden Sie das Obst in kleine Stücke und geben Sie es zu den anderen Zutaten in die Schüssel. Verkneten Sie erneut die Zutaten miteinander. Die Lebkuchenmasse sollte nicht zu trocken sein, geben Sie sonst noch etwas Apfelmus oder Agavendicksaft dazu.

Legen Sie ein Backblech mit Backpapier aus und verteilen Sie darauf die Oblaten. Formen Sie die Masse zu 8 gleichmäßig großen Kugeln und drücken Sie sie auf die Oblaten. Heizen Sie den Ofen auf 180 Grad Ober- und Unterhitze vor.

Backen Sie den Lebkuchen etwa 12 Minuten lang und lassen Sie sie danach auf dem Backblech auskühlen.

Währenddessen häuten Sie die Mandelkerne. Geben Sie hierfür die Mandeln in einen Topf voll kochendem Wasser und kochen Sie diese einige Minuten lang. Sieben Sie die Kerne ab und schrecken Sie sie mit kaltem Wasser ab. Entfernen Sie nun die Haut der Mandelkerne.

Schmelzen Sie die Kuvertüre in einem Wasserbad und bestreichen Sie damit die Lebkuchen. Dekorieren Sie jedes Stück mit einigen Mandeln und lassen Sie die Schokolade aushärten. Bewahren Sie den Lebkuchen in geeigneten Keksdosen auf.

Weihnachtliche Cranberry-Scones

Zutaten für 7 Stück

250 g Dinkelmehl (Typ 630)
2 TL Backpulver
¼ TL Zimt
1 EL Kokosblütenzucker
1 Prise Salz
1 Dose vollfett Kokosmilch

100 ml Kokoswasser
150 g Cranberries

Für die Glasur
2 EL Kokosblütenzucker
1-2 Kaffeelöffel Orangensaft

Zubereitung

Stellen Sie die Dose Kokosmilch kopfüber über Nacht in den Kühlschrank. So sammelt sich die Kokoscreme oben. Schöpfen Sie anschließend die Kokoscreme ab und fangen Sie das Kokoswasser auf.

Geben Sie das Mehl, das Backpulver, den Zimt, den Kokosblütenzucker und das Salz in einer Schüssel und vermischen Sie alles gut miteinander. Geben Sie nun die Kokoscreme und das Kokoswasser in die Mehl-Mischung und verkneten Sie alles kurz miteinander.

Waschen und tropfen Sie die Cranberries ab. Kneten Sie diese nun vorsichtig unter den Teig.

Legen Sie ein Backblech mit Backpapier aus und formen Sie aus dem Teig einen etwa 5 cm hohen Kreis. Schneiden Sie mit einem Messer etwa 8 Portionen aus dem Teig und ziehen Sie diese etwas auseinander. Heizen Sie den Backofen auf etwa 180 Grad Umluft vor und backen Sie die Scones etwa 20-30 Minuten lang.

Für die Glasur geben Sie alle Zutaten in eine Schüssel und verrühren diese miteinander. Geben Sie alles für ein paar Sekunden in die Mikrowelle und lassen Sie den Sirup karamellisieren.

Sind die Scones abgekühlt, können Sie sie mit der Glasur verzieren und erneut auskühlen lassen.

Zutaten für etwa 10 Stück

50 g Cornflakes

50 g Mandelstifte

200 g vegane

Zartbitterkuvertüre

10 g Kakaobutter

Zubereitung

Lassen Sie die Schokolade mit der Kakaobutter in einem heißem Wasserbad langsam schmelzen. Achten Sie darauf, dass das Wasser nicht kocht.

Rösten Sie die Mandelstifte ohne Fett in einer Pfanne goldbraun. Vermengen Sie diese nun mit den Cornflakes.

Geben Sie die Mandeln-Cornflakes-Mischung in die geschmolzene Kuvertüre und vermengen Sie alles so miteinander, dass alle Zutaten von der Schokolade ummantelt sind.

Setzen Sie mit einem Esslöffel kleine Häufchen auf ein mit Backpapier ausgelegtes Blech. Stellen Sie das Blech anschließend in den Kühlschrank, sodass die Schokolade schnell aushärten kann.

Zutaten für etwa 16 Stück

Für die Äußere Schicht
200 g getrocknete Aprikosen
200 g geschälte Mandeln
4 EL Mandelmus
2 EL Ahornsirup
1 TL Vanilleextrakt
1 Prise Meersalz

Für die Nougatfüllung
100 g Haselnüsse
4 EL Kokosöl
2 EL Kakao
4 EL Ahornsirup

Außerdem
16 Haselnüsse
100 g vegane Zartbitter Schokolade

Zubereitung

Für die äußere Schicht geben Sie alle Zutaten in einen Mixer und verarbeiten alles zu einer einheitlichen klebrigen Masse.

Drücken Sie etwa Walnuss-große Mengen davon in eine Cake-Pop-Backform (alternativ formen Sie die Halbkugeln per Hand), so dass kleine Halbkugeln entstehen. Drücken Sie in die Mitte jeweils eine Mulde für die Füllung. Stellen Sie die Halbkugeln in den Kühlschrank.

Für die Nougat-Füllung geben Sie alle Zutaten in einem Mixer und pürieren alles zu einer glatten Creme. Füllen Sie die Halbkugeln mit der Creme und drücken Sie jeweils eine Haselnuss hinein.

Schmelzen Sie die Schokolade über einem Wasserbad und geben Sie jeweils eine Schicht Schokolade auf die Halbkugeln. Lassen Sie die fertigen Halbkugeln für etwa 30 Minuten im Kühlschrank fest werden.

Mini-Stollenkonfekt mit Rosinen und Marzipan

Zutaten für etwa 1 Blech

250 g helles Mehl
100 ml Pflanzenmilch
(Zimmertemperatur)
100 g Rosinen
100 g Marzipanrohmasse
in Stückchen
75 g vegane Margarine
(Zimmertemperatur)
75 g Zucker

25 g Vanillezucker
50 g gehackte Haselnüsse
½ Packung Trockenhefe
1 Prise Salz

Außerdem
40 g geschmolzene
vegane Margarine
Puderzucker

Zubereitung

Vermischen Sie alle Zutaten, bis auf die geschmolzene Margarine und den Puderzucker, miteinander und verkneten Sie den Teig gründlich mit der Hand. Lassen Sie den Teig für etwa 1-2 Stunden ruhen.

Heizen Sie den Ofen auf 200 Grad Ober- und Unterhitze vor. Drücken Sie den Teig mit einem Nudelholz etwas platt und schneiden Sie ihn in mundgerechte Stücke. Geben Sie die Stücke auf ein mit Backpapier ausgelegtes Backblech und drücken Sie sie darauf an. Backen Sie die kleinen Stollen-Stücke für etwa 10-15 Minuten goldbraun.

Bepinseln Sie das Konfekt nach dem Backen mit der geschmolzenen Margarine und bestäuben Sie sie dick mit Puderzucker.

Zutaten für etwa 1 Blech

350 g Dinkelmehl (Typ
630) und etwas Mehl
zum Bestäuben
1 Prise Salz
6-7 EL Süßungsmittel
nach Wahl

½ Würfel Hefe
2 EL Mandelmus
150 ml Sojamilch
½ Prise Vanille
Puderzucker

Zubereitung

Vermengen Sie das Mehl, die Vanille und das Salz in einer Schüssel. Erhitzen Sie die Pflanzenmilch, bis sie lauwarm ist. Achten Sie darauf, dass sie jedoch nicht zu kalt oder zu heiß ist, da sonst die Hefe nicht aktiviert wird. Bröseln Sie nun die Hefe mit dem Süßungsmittel in die Schüssel und rühren Sie gut um. Lassen Sie das Gemisch für etwa 5-10 Minuten stehen, bis sich kleine Bläschen bilden.

Geben Sie nun das Hefegemisch mit dem Mandelmus zu dem Mehl und verrühren Sie alles mit einem Holzlöffel. Kneten Sie dann alles zu einem festen Teig und geben Sie, falls nötig, ein wenig Mehl dazu. Lassen Sie den Teig abgedeckt an einem warmen Ort für etwa eine Stunde gehen.

Heizen Sie den Ofen auf 180 Grad Ober- und Unterhitze vor. Während der Ofen warm wird, formen Sie den Teig zu einer langen Rolle. Schneiden Sie jeweils ca. 3 cm dicke Scheiben ab und formen Sie entweder runde Bällchen oder kleine Rauten.

Legen Sie die Schmalzküchlein auf ein mit Backpapier ausgelegtes Backbleck und lassen Sie sie für etwa 10-12 Minuten backen. Nehmen Sie das Gebäck aus dem Ofen, lassen Sie es abkühlen und bestreuen Sie es zuletzt mit etwas Puderzucker.

Zutaten für etwa. 1 Brownieform

Für den Biskuitteig
200 g Dinkelmehl (Typ 630/1050)
50 g Speisestärke (Maizena)
1 Kaffeelöffel Natron
50 g Kokosblüten - / Vollrohrzucker
1 Prise Salz
300 ml Mandelmilch
2 EL Apfelessig

30 g flüssiges Kokosöl
1 TL Vanilleextrakt

Für die Schokosauce
3 EL Kokosöl
2 EL Kakaopulver ohne Zucker
3 EL Agavendicksaft
heißes Wasser

100 g Kokosraspel

Zubereitung

Geben Sie das Mehl, die Speisestärke, das Natron und die Kokosblüten durch ein Sieb in eine Schüssel. Fügen Sie die Milch, den Essig, das Kokosöl und den Vanilleextrakt zu dem Mehlgemisch und rühren Sie um. Lassen Sie alles kurz stehen, sodass eine Art Buttermilch entsteht. Rühren Sie erneut alles kurz um. Heizen Sie den Ofen auf 180 Grad Umluft vor.

Legen Sie die Form mit Backpapier aus. Verteilen Sie den Teig gleichmäßig in der Brownieform und backen Sie den Biskuitboden für etwa 15-20 Minuten. Lassen Sie den Kuchen auf einem Rost vollständig auskühlen und ziehen

Sie das Backpapier dann vorsichtig ab. Schneiden Sie den Biskuitteig am besten mit einer Tortensäge durch.

Für die Schokosauce vermischen Sie das Kokosöl, das Kakaopulver und den Agavendicksaft miteinander. Geben Sie unter ständigem Rühren solange das heiße Wasser dazu, bis eine flüssige Sauce entsteht.

Schneiden Sie den fertig gebackenen Teig in gleichmäßige Würfel. Tunken Sie die Küchlein von allen Seiten in die Schokosauce und wälzen Sie diese sofort in den Kokosraspeln.

Zutaten für etwa 10 Stück

200 g Dinkelmehl (Typ 630)

200 ml Mandelmilch

50 ml Mineralwasser

2 gestrichene TL Backpulver

1 Prise Salz

1 EL Ahornsirup

Zubereitung

Vermischen Sie alle Zutaten zu einem glatten Teig. Lassen Sie den Teig mindestens eine halbe Stunde ruhen.

Heizen Sie das Waffeleisen vor und fetten Sie es nach Bedarf ein. Geben Sie den Teig hinein, schließen Sie den Deckel und backen Sie die Waffeln aus. Achten Sie darauf, dass Sie den Deckel nicht vorzeitig anheben, da der Teig sonst auseinanderreißt und die Waffel nicht mehr richtig durchgebacken werden kann.

Verteilen Sie etwas Puderzucker und Dekoration nach Wahl auf der Waffel.

Zutaten für etwa 72 Stück

Für den Teig
125 g Honig
150 g Zucker
450 g Mehl
2 EL Kakao
1 TL Zimt
1 ½ TL Lebkuchengewürz
1 Prise Salz
80 g sehr fein gehacktes Orangeat

120 ml lauwarme Milch
1 ½ TL Natron
feiner Abrieb einer Zitrone

Für die Zuckerglasur
400 g Zucker
115 ml Wasser
1 ½ TL Zitronensaft
1 TL Kakao

Zubereitung

Für den Teig geben Sie den Honig zusammen mit dem Zucker und dem Wasser in einen Topf. Erhitzen Sie die Mischung langsam und rühren Sie gelegentlich um. Achten Sie darauf, dass Sie die Masse nicht zum Kochen bringen. Bevor Sie den Topf von der Herdplatte nehmen, sollte sich der Zucker vollständig aufgelöst haben. Während der Honig-Sirup abkühlt, geben sieben Sie das Mehl in eine Schüssel und vermengen Sie es dann mit dem Kakao, den Gewürzen und dem Salz.

Geben Sie das Natron in die Milch und gießen Sie alles mit dem Orangeat in die noch warme Honigmasse. Verrühren Sie alles kurz miteinander und gießen Sie die Mischung anschließend zum Mehl. Reiben Sie die Schale einer gewaschenen Zitrone darüber und verkneten Sie alles zu einem glatten Teig. Decken Sie den Teig ab und lassen Sie ihn bestenfalls über Nacht bei Zimmertemperatur ziehen.

Heizen Sie den Ofen auf 180 Grad Ober- und Unterhitze vor. Kneten Sie den Teig erneut durch und teilen Sie ihn anschließend in 6 gleich große Stücke. Formen Sie nun aus jeder Portion eine Rolle von der Länge der langen Backblechseite. Legen Sie 3 Rollen auf ein mit Backpapier ausgelegtes Backbleck und drücken Sie diese ein wenig flach. Backen Sie die Rollen für etwa 15-20 Minuten und lassen Sie sie danach auf einem Abkühlgitter abkühlen.

Für die Zuckerglasur geben Sie den Zucker mit etwas Wasser und Zitronensaft in einen kleinen Topf. Erwärmen Sie die Mischung und rühren Sie dabei stetig um, bis die Masse sprudelnd kocht. Lassen Sie den Sirup für weitere 2 Minuten köcheln und rühren Sie währenddessen immer mal wieder um. Nehmen Sie den Topf von der Herdplatte und rühren Sie 1 TL Kakaopulver mit einem Schneebesen unter.

Legen Sie die zu glasierenden Stücke auf ein Kuchengitter, sodass Sie dort nach dem Glasieren abtropfen können. Legen Sie gegebenenfalls ein Backpapier unter. Geben Sie jeweils 1 Magenbrotstück in die Zuckerglasur und wenden Sie es mit Hilfe von zwei Gabeln von allen Seiten darin. Heben Sie es anschließend auf das Kuchengitter und wiederholen Sie das Ganze mit den restlichen Stücken. Lassen Sie die Glasur vollständig trocknen.

Luftig-weiche Lebkuchenmuffins mit Baiserhaube

Zutaten für etwa 12 Muffins

250 g Mehl
180 g Zucker
2 EL Kakaopulver
2 EL Lebkuchengewürz
2 EL Rapsöl
200 ml Sojamilch

Für das Baiser
15 g Ei-Ersatz
75 g Wasser
80 g Puderzucker

Zubereitung

Für das Baiser schlagen Sie den Ei-Ersatz mit dem Wasser in einer hohen, engen Schüssel auf. Geben Sie nach und nach den Zucker hinzu, bis eine Steife Masse entsteht. Heizen Sie den Ofen auf 180 Grad Ober- und Unterhitze vor.

Für die Muffins mischen Sie alle Muffin-Zutaten in einer Schüssel gut miteinander. Ist der Teig zu fest, geben Sie mehr Sojamilch dazu. Backen Sie die Muffins etwa 20-25 Minuten im vorgeheizten Ofen.

Füllen Sie das Baiser in eine Spritztüte und geben Sie es auf die fertig gebackenen Muffins. Backen Sie die Muffins erneut für etwa 5 Minuten im Ofen, bis das Baiser leicht braun wird.

Bratapfel Crumble mit Mandeln und Rosinen

Zutaten für 4 Personen

Für die Bratapfelmasse
2 Äpfel
1 EL vegane Margarine
3 EL Rosinen
3 EL Mandeln
1 TL Zimt
1 TL Zucker
etwas Zitronensaft

Für die Streusel
40 g Mehl
20 g vegane Margarine
15 g Zucker
1 Pck. Vanillezucker
1 Prise Salz
Puderzucker

Zubereitung

Lassen Sie 1 EL Margarine in einem Topf schmelzen. Geben Sie den Zucker hinzu und lösen Sie ihn darin auf. Schälen Sie die Äpfel und schneiden Sie sie in kleine Stücke. Geben Sie die Äpfel mit den restlichen Zutaten für die Bratapfelmasse in den Topf und erhitzen Sie alles kurz.

Geben Sie die Bratapfelmasse in eine große oder vier kleine feuerfeste Dessertform(en).

Vermengen Sie mit dem Knethaken des Handrührgeräts das Mehl, die Margarine, den Zucker, den Vanillezucker und das Salz und verkneten Sie die Masse mit den Fingern zu Streuseln. Heizen Sie den Ofen auf 180 Grad Umluft vor.

Verteilen Sie die Streusel auf der Bratapfelmasse, bestreuen Sie das Desserts mit Puderzucker und backen Sie das Crumble für 20 Minuten.

Zutaten für 1 Torte

80 g Rohrzucker

60 g vegane Butter (Zimmertemperatur)

180 g Apfelmus

150 g Dinkelmehl

1 Prise Salz

1 ½ TL Backpulver

Zimt

Nelkengewürz in Pulver

Piment in Pulver

Vanille in Pulver

200 ml vegane aufschlagbare Sahne

1 TL Sahnesteif

1 Schluck Ahornsirup

1 Apfel

1 Handvoll Walnüsse

1 TL geschrotete Leinsamen

4 TL Wasser

Kokosöl zum Anbraten

Zubereitung

Heizen Sie den Ofen auf 180 Grad vor und legen Sie eine Springform mit Backpapier aus. Stellen Sie die Form beiseite.

Verrühren Sie die Leinsamen mit 4 TL Wasser und lassen Sie diese in dem Wasser aufquellen.

Geben Sie die Butter in eine Schüssel und streuen Sie den Zucker darauf. Schlagen Sie alles mit dem Handrührgerät zu einer cremigen Masse. Geben Sie die Leinsamen-Wasser-Mischung dazu und rühren Sie weiter. Heben Sie das Apfelmus mit einem Teigschaber unter und rühren Sie damit weiter.

Vermischen Sie in einer separaten Schüssel das Mehl, das Backpulver, das Salz, ½ TL Zimt und je ¼ TL Nelken- und Pimentpulver miteinander.

Geben Sie die Gewürz-Mehl-Mischung zu dem Teig und verrühren Sie alles kurz zu einem Teig. Geben Sie den Teig in die Form und verteilen Sie ihn bis in die Ränder.

Geben Sie die Form in den Ofen und backen Sie den Kuchen etwa 25 Minuten lang. Nach etwa 10 Minuten nach dem Backen, lösen Sie ihn zum Abkühlen aus der Form. Entfernen Sie das Backpapier und lassen Sie den Kuchen vollständig auf einem Gitter abkühlen.

Schlagen Sie die Sahne mit dem Sahnesteif, etwas Vanille und den gleichen Anteilen an Zimt, Nelken- und Pimentpulver. Geben Sie die Sahne in den Kühlschrank.

Schälen Sie den Apfel und schneiden Sie ihn in kleine Stücke. Lassen Sie ihn in einer Pfanne mit etwas Kokosöl weich werden. Fügen Sie die Walnüsse hinzu und geben Sie erneut etwas von den Gewürzen zu dem Apfel. Gießen Sie den Ahornsirup darüber. Lassen Sie den Apfel nicht zerkochen.

Schneiden Sie den mittlerweile erkalteten Boden waagerecht durch, um so zwei Böden zu erhalten. Verteilen Sie auf dem ersten Boden knapp die Hälfte der Sahne und legen Sie den zweiten Boden darauf. Verstreichen Sie darauf die verbliebene Sahne auf dem zweiten Boden und auf die Seiten.

Verteilen Sie zuletzt die Bratapfelstücke aus der Pfanne oben auf der Torte.

Ich wünsche Ihnen und Ihrer Familie eine zauberhafte Weihnachtszeit. Genießen Sie gemeinsam die feinen Plätzchen bei einer schönen Tasse Kaffee, Tee oder Kakao.

Alles Gute

Ihre

Rosalie Winter

Impressum
© Rosalie Winter 2018

1. Auflage

Alle Rechte vorbehalten. Nachdruck, auch auszugsweise, verboten. Kein Teil dieses Werkes darf ohne schriftliche Genehmigung des Autors in irgendeiner Form reproduziert, vervielfältigt oder verbreitet werden. Kontakt und Lektorat: Rosalie Winter, Herausgeberin: Bianca Kafarnik, Thekla-Trück-Str. 7, 76456 Kuppenheim, Covergestaltung: oliviaprodesign/fiverr.com, Coverfoto: Elena Schweitzer 25630769 stock.adobe.com

Printed in Great Britain
by Amazon

53060565R00038